NOTICE HISTORIQUE

SUR LA

FAMILLE DU LIÈGE

RIS. — TYPOGRAPHIE DE E. PLON ET Cⁱᵉ
8, RUE GARANCIÈRE

NOTICE HISTORIQUE

SUR LA

FAMILLE DU LIÈGE

SEIGNEURS DU LIÈGE,

DU CHARRAULT, DE PUYCHAUMEIX,

DE FLEIX,

DANS LA MARCHE ET LE POITOU

PAR

M. BOREL D'HAUTERIVE

ARCHIVISTE PALÉOGRAPHE

CONSERVATEUR ADJOINT A LA BIBLIOTHÈQUE SAINTE-GENEVIÈVE

MEMBRE DU COMITÉ DES GENS DE LETTRES

PARIS

AU BUREAU DE L'ANNUAIRE DE LA NOBLESSE

1876

NOTICE HISTORIQUE

SUR LA

FAMILLE DU LIÈGE

SEIGNEURS DU LIÈGE,

DU CHARRAULT, DE PUYCHAUMEIX,

DE FLEIX,

DANS LA MARCHE ET LE POITOU

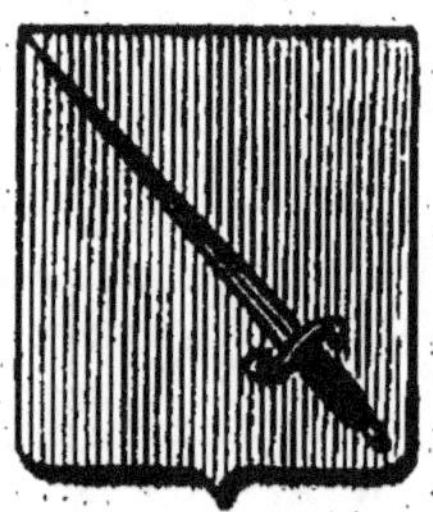

Armes : *de gueules, à l'épée d'argent posée en bande.*

Les armes, d'après un jugement obtenu contre François de Chastenet (voir au IVe degré), paraissent devoir être blasonnées : de gueules, à trois chevrons d'or et à l'épée d'argent en bande brochant sur le tout.

La famille du Liège de Puychaumeix, originaire de la haute Marche, est fort ancienne dans cette province, d'où ses rameaux se sont étendus dans le Limousin et le Poitou. Le double nom qu'elle porte lui vient des deux principales seigneuries qui lui ont appartenu. Celle du Liège, qui fut son premier berceau, était située dans la paroisse de Saint-Hilaire-le-Château, aujourd'hui canton de Pontarion, arrondissement de Bourganeuf (Creuse).

Le Liège fut vendu en 1816 par Marie-Anne-Xavière Ranon de Lavergne, veuve de Claude-Michel Bittard du onzeau, et par son fils, Louis Bittard du Ronzeau, emourant au Liège, à Barthélemy Denis. (Arch. de la amille.)

Après la mort du sieur Denis, son fils et sa fille, elle-ci mariée au sieur Migeon, se partagèrent le vieux château, qui était situé sur un coteau et desservi par es avenues plantées de châtaigniers séculaires. En 840, ils le firent démolir. Denis construisit, sur l'emlacement de son lot, une maison d'assez belle apparence, et, avec les matériaux, Migeon fit construire, sur e bord de la route et en face de l'ancien château, une lie ferme qu'on nomme le Petit-Liège. De hautes taies, essences chêne et hêtre, embellissaient cette harmante propriété; malheureusement, depuis 1848, n a coupé presque tous ces beaux arbres.

Denis, en faisant faire des fouilles, découvrit une 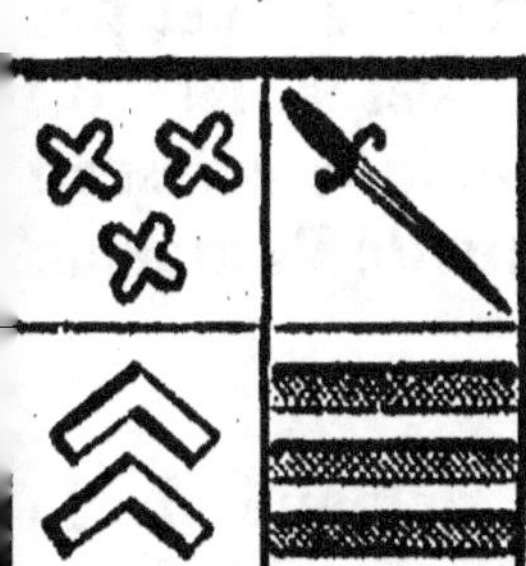 pierre sur laquelle les armes ci-contre étaient en relief, sans indication de couleurs. Ce sont probablement les armes qui donnèrent lieu au procès intenté au sieur de Chastenet. Denis fit placer cette pierre armoriée au-dessus de la porte d'entrée de la cour.

L'ancien château avait vingt mètres de façade sur ix de profondeur. Les murs étaient très-épais. Il avait leux étages et un grand escalier en pierre de deux nètres de large. La toiture, à croupe très-élevée et couverte de tuiles plates, était supportée par un entalement.

Au nord, il y avait une vaste cour, où se trouvait un et d'eau alimenté par un conduit qui prenait l'eau à Puychaumeix; au midi, une terrasse qui existe encore et de laquelle on a une très-belle vue sur des prairies, a route de Pontarion à Saint-Hilaire-le-Château, la ivière du Thaurion et la chaîne des montagnes qui épare le département de la Creuse de celui de la Corèze; on aperçoit aussi les pierres druidiques situées ur le Puy-de-Parceix ou Puy-Maria.

Sous le règne de Louis XIII, la seigneurie du Liège

passa, par une vente, dans la famille de Chastenet, qui, ayant pris les noms et armes de ses cessionnaires, fut condamnée à les quitter par sentence de la sénéchaussée de Montmorillon. Le fief de Puychaumeix, auquel les seigneurs du Liège empruntèrent leur surnom dès le commencement du xvi° siècle, était mouvant de la seigneurie de Pontarion. Le château resta la résidence principale de la famille jusqu'en 1791. Les biens qui composaient ce fief furent aliénés par Germain du Liège de Puychaumeix, qui les avait recueillis en partage comme l'aîné. M. Rouchon-Mazérat, qui s'en rendit acquéreur, démolit les bâtiments en 1855 et fit construire une ferme sur leur emplacement.

Le village de Puychaumeix est situé sur le versant sud d'une colline, au nord et à une demi-heure du château du Liège, et à égale distance de Pontarion. Il domine de belles prairies, et il est encadré à l'est par de grandes terres entourées de haies. Il est abrité du nord-ouest par un bois, au bas duquel coule le ruisseau qui porte son nom et qui traverse la route de Pontarion à la Chapelle-Saint-Martial.

Un rameau de la famille du Liège, détaché de la souche, s'est établi en Picardie; son dossier généalogique est conservé à la Bibliothèque nationale. On y trouve deux arrêts de maintenue de noblesse des 5 mars et 26 août 1717, en faveur l'un de Pierre de Liège[1], écuyer, sieur de Saint-Mars et de Léonville, l'autre de son neveu Dominique du Liège, vicomte d'Ursec. Leur ascendance, d'après les actes qui y sont rapportés, remonte à Louis du Liège d'Ursec, marié à Françoise de Mussanan, dont le fils Jean du Liège, vicomte d'Ursec, épousa, par contrat du 5 mai 1812, Françoise de Lesgré, fille de Philippe de Lesgré et de

---

[1] Dans l'*Armorial général* de 1696, *registre d'Orléans*, on lit page 291 : « Pierre de Liège, écuyer, sieur de Saint-Mars, porte: *de sable, à une main de carnation mouvante du flanc dextre de l'écu et tenant une épée haute d'argent, accostée à senestre d'une colombe du même, posée sur une branche d'olivier de sinople; au chef d'azur, chargé de trois roues d'or.* »

amoiselle de Brossard, habitant à Quiquengronne, paroisse de Wuimy, près Vervins. Il eut de cette union Pierre de Liége, écuyer, sieur de Saint-Mars, qui fut maintenu parmi les nobles exempts de la taille 15 juin 1641. Ce dernier, marié le 4 mars 1687 vec Jeanne de Bobard, fut l'aïeul de Pierre de Liége, hevalier, seigneur de Saint-Mars et de Léonville, aintenu en sa noblesse en 1717. Il avait servi comme apitaine au régiment de Foix, infanterie, en 1697. Quoique le nom de ces divers personnages soit écrit le plus souvent de Liége et non du Liége, il résulte de l'ensemble et de l'analyse des documents généalogiques une grande probabilité que c'est un rameau détaché de la souche qui fait l'objet de cette notice et dont nous allons établir la filiation.

Les titres et les preuves que fournit Jacques du Liége du Charrault pour son admission dans l'ordre de Malte en 1586 remontent à Bertrand, qui suit :

I. Bertrand du Liége, seigneur dudit lieu, est mentionné comme l'aïeul de Jacques du Liége du Charrault dans les preuves de noblesse de huit quartiers que fournit son petit-fils en 1586 pour sa réception comme chevalier de Malte. (Catalogue des chevaliers de Malte; Manuscrits de la bibliothèque de l'Arsenal, page 294.) Noble homme Bertrand du Liége, seigneur du Liége, y demeurant, figure dans un mandement de la cour de l'élection, tenue à Poitiers le 10 décembre 1512, au sujet de son domestique Laurent Bizot, qui avait été à tort porté au rôle de la taille par Pierre du Theil, collecteur de Saint-Hilaire-le-Château. (Archives de la famille.) Il se maria vers 1520 avec Cécile de Trion (aujourd'hui Tryon) de Salles[1] (preuves de Malte), dont il eut quatre fils qui suivent :

II. Jacques du Liége, seigneur dudit lieu. Il fit son testament le 12 juin 1574. Par cet acte, il choisit pour exécuteurs de ses dernières volontés Marguerite Bon-

---

[1] Armes de Tryon, dont une branche, titrée Marquis, a ajouté à son nom celui de Montalembert : *d'or, à deux bandes de gueules, accompagnées en chef d'une croisette ancrée du même.*

nin[1], sa femme, qu'il avait épousée vers l'an 1545 et à laquelle il légua l'usufruit de ses biens, et Jean du Liège, son fils, qui suit. (Archives de la famille.) De son union il laissa trois enfants :

1º Jean du Liège, prieur du Moutier d'Ahun, dans la Marche;

2º Gilberte du Liège, femme de noble homme Pierre du Boys, écuyer, sieur de Villerandon, lieutenant du roi au gouvernement de Guise[2], légataire de son beau-père et seigneur du Liège du chef de son épouse; elle est qualifiée : veuve de Pierre du Boys, écuyer, seigneur de la Fayette, gentilhomme ordinaire de la chambre du roi, gouverneur du château de Guise, lorsqu'elle donna procuration à son frère Jean du Liège, le 26 octobre 1601 ; son fils est appelé Germain du Boys, seigneur de Bernoville, dans cet acte, auquel il assista[3];

3º Cécile du Liège, légataire de son père, mariée, le 27 mai 1576, avec Paul de Savary, seigneur de Fougères ; elle est assistée par son beau-frère Pierre du Boys, seigneur du Liège et Villerandon, lequel traite pour la part du Liège qui revient à la future.

II bis. Jean du Liège, seigneur du Charrault et de Fleys, avait épousé vers 1562 Catherine Airain du Charrault, fille de Adrian Airain, écuyer, seigneur du Charrault, et de Renée de Boussigny d'Ouzilly (preuves de Malte), qui lui apporta en dot la terre de son nom. Il donna quittance de ses gages, en 1567,

---

[1] Armes des Bonnin, seigneurs de Beaupré : *de gueules, à deux bandes ondées d'or.*

[2] Le château de Guise, arrondissement de Vervins (Aisne), fut construit en 1549 sur un escarpement à pic, à cinquante mètres au-dessus de la ville, au bord de l'Oise.

[3] Dans les archives de la famille il y a une quittance par laquelle Gilberte du Liège, veuve de Pierre du Boys, écuyer, sieur du Liège, renonce à toute réclamation sur la terre du Liège, baillée à ferme à son cousin Jean du Liège de Puychaumeix. La date de cet acte est effacée par le temps ; mais c'est vers cette époque, sans doute, que le Liège fut vendu au sieur de Chastenet.

comme maréchal des logis de la compagnie de Vassé. Ses enfants furent :

1° Philippe du Liége du Charrault, qui assista, le 11 septembre 1587, au contrat de mariage de Amable de Bosquevert, chevalier, seigneur de la Roche-du-Moutet; il est qualifié écuyer, seigneur du Charrault et de Fleyx, dans une procuration qu'il donne, le 10 septembre 1591, à son cousin, frère du Liége, religieux au Moutier d'Ahun, pour vendre des immeubles sis à Pontarion, dont le sieur Martin Bruger de Puyberaud fit l'acquisition le 2 mai 1592 (Arch. de la famille);

2° Jacques du Liége du Charrault, reçu chevalier de Malte en 1586 au prieuré d'Aquitaine, sur preuves de noblesse de huit quartiers. (Manuscrits de la bibliothèque de l'Arsenal, à Paris.) Il était commandeur de Puyrandon et administrateur de la commanderie du Bizon, lorsqu'il donna procuration à Jean de Puychaumeix pour percevoir les droits revenant auxdites commanderie ; l'acte est daté de la maison de la Lande (20 janvier 1601), près de Chauvigny. (Archives de la famille.) Il donna, le 4 janvier 1608, une autre procuration à Jean de Puychaumeix pour aller à la commanderie de Fossés-Châlons, près Poitiers, passer des marchés et exécuter quelques réparations. (Pièce originale scellée d'un sceau où figure une croix de Malte en chef et une épée en barre. Arch. de la famille.) Il fut envoyé en ambassade à Rome par Antoine de Paule, qui venait d'être élu grand maître de Malte et qui avait des différends avec le pape Urbain VIII. (Vertot, tome V, page 108, édition de 1780.) Général des galères de l'ordre en 1628, il livra aux Turcs de Tripoli un combat acharné, leur fit trois cent douze esclaves et leur prit vingt vaisseaux. (Vertot, tome V, pages 185 à 187.) Il est encore nommé dans un papier terrier de sa commanderie du Temple, près Châtillon-sur-Sèvre, en 1634.

3° François du Liége de la Roche du Charrault, écuyer, seigneur de Châtillon, assista à l'assemblée de la noblesse du Poitou, en 1631. Il donna procuration, pour être représenté dans le procès intenté

par son cousin, Pierre du Liège de Puychaumeix,
à François de Chastenet. (Voir plus bas, au
IVe degré.)

II *ter.* Mathieu du Liège de Puychaumeix, qui figure
dans l'acte de vente du 31 octobre 1546, rapporté plus
loin.

II *quater.* Antoine du Liège de Puychaumeix, habitant au lieu et village de Puychaumeix, paroisse de
Saint-Hilaire-le-Château, vendit en son propre nom et
comme fondé de pouvoir de son frère Mathieu de
Puychaumeix, le 31 octobre 1546, à Louis Laguareau,
demeurant à Pontarion, deux prés qu'ils possédaient
en indivis. L'acte passé à Sardent (Marche), par-devant
Louis Duqueyroy, notaire royal à la Chapelle-Taillefer,
est conservé en original dans les archives de la famille.
Antoine du Liège de Puychaumeix épousa, vers 1565,
Marguerite de Londeys[1], d'une famille noble de la
Marche. Le 1er octobre 1594, Jeanne Geneste, du village du Theil, paroisse de Saint-Hilaire-le-Château, fit
donation de tous ses biens à Marguerite de Londeys,
demeurant au Liège, même paroisse. (Arch. de la
famille.) Antoine du Liège de Puychaumeix laissa de
son union :

1° Jean, qui continue la filiation ;

2° Jeanne du Liège, qui, par contrat passé au château
de Fougères, paroisse de Jouhet, le 21 janvier 1615, épousa Denis Aubard et reçut comme
présent de noces, de Cécile du Liège, sa cousine
germaine, veuve de Paul de Savary, seigneur des
Fougères, un trousseau et un mobilier. (Arch. de
la famille.)

III. Jean du Liège, sieur de Puychaumeix, est représenté par sa mère, Marguerite de Londeys, dans un

---

[1] Pierre de Londeys, seigneur de Champagnac, avait pour
armes : *de sinople, au chevron d'or, mouvant d'une mer d'argent ;
accompagné en chef de deux mains d'or, le médius ouvert, et en
pointe d'une étoile du même.* (*État de la Noblesse de la Marche,*
par DE LA PORTE, page 20.)

acte du 24 avril 1587, par lequel elle acquit pour lui des héritages situés à Puychaumeix. Il acheta lui-même divers autres biens de cette localité à Léonard Thaury, dit Rebeyre, par acte du 15 mai 1597 passé devant Bourderie, notaire à Pontarion ; sa femme, Jeanne Champeaux, est mentionnée dans cet acte. Il obtint, le 1er mai 1600, de Léonard Bourderie, sieur du Condrotz, fermier des terres et seigneuries de Pontarion, la vente et cession à perpétuité de tous les droits et actions qu'il pouvait avoir à cause de la succession de feu Marguerite de Londeys. (Arch. de la famille.) Il avait épousé, par contrat du 20 août 1592, Jeanne Champeaux[1], dont il eut :

1° Pierre du Liège de Puychaumeix, qui continue la descendance ;

2° Léonard du Liège de Puychaumeix, qui assista à l'acte d'émancipation de son neveu François du Liège, le 27 septembre 1671 ;

3° Léonarde du Liège, mariée au sieur Reby.

IV. Pierre du Liège de Puychaumeix, conjointement avec ses cousins Philippe du Liège du Charrault et de Fleix et François du Liège de la Roche du Charrault et de Fleix, fit un procès à François de Chastenet, qui, devenu propriétaire du château du Liège, avait pris leur nom et leurs armes. François de Chastenet fut condamné à les quitter par une sentence de Pierre Dalest, conseiller du roi à Montmorillon. La date de cette pièce est déchirée, mais elle est antérieure à 1648, époque où Jacqueline du Plantadis, veuve de François de Chastenet, rendit aveu et hommage pour le Liège à Théophile du Chemin, écuyer, seigneur et baron de Pontarion. (Arch. de la famille.) François de Chastenet, leur fils, chevalier, seigneur de Soubrebost, fit son testament au lieu et maison Noble du Liège, le 4 juin 1710. Il est à croire que c'est peu de temps après que le Liège cessa d'appartenir à la famille de

---

[1] Champeaux porte : *d'argent, à une bande de gueules ; au chef de sable, chargé de trois losanges d'argent.*

Chastenet. Pierre du Liège de Puychaumeix avait épousé, vers 1629, damoiselle Gabrielle Druillette[1], de laquelle il eut :

1º Jean du Liège, qui suit ;

2º Sylvain du Liège, mentionné au testament de son frère François du Liège, qui vient ci-après ;

3º François du Liège, né en 1649, émancipé par acte du 27 septembre 1671. (Arch. de la famille.) Il fit, le 12 janvier 1673, son testament, par lequel il demanda à être enseveli dans le tombeau de ses prédécesseurs en l'église de Pontarion. (Arch. de la famille.)

4º Gilberte du Liège, mentionnée dans le testament de son frère François, qui précède.

V. Jean du Liège, né en 1630, décédé le 27 mars 1702, fut enseveli dans l'église de Pontarion. (Certificat du curé, aux archives de la famille.) Il avait épousé, vers 1665, damoiselle Jeanne Eurard[2], et de cette union sont issus :

1º Léonard-Pierre, dont l'article suit ;

2º Louis du Liège de Puychaumeix, prêtre chanoine du chapitre de Notre-Dame de la Chapelle-Taillefer, mourut audit lieu, le 23 janvier 1730 ; l'acte d'apposition des scellés dit qu'il est frère de Pierre-Léonard du Liège de la Besse de Puychaumeix.

VI. Léonard-Pierre du Liège de la Besse, né le 23 septembre 1667, procureur fiscal de la justice de Pontarion, obtint, le 25 septembre 1706, une sentence contre Léonard Tixier et Marie Bonneyrat, sa femme, auxquels il avait loué son domaine de la Chaud. (Arch. de la famille.) Il était juge sénéchal de la Chassaigne, Saint-Hilaire-le-Château, etc., lorsqu'il adressa,

---

[1] Il y a près de Pontarion un village du nom de Druillette.

[2] Jean Eurard, châtelain et juge ordinaire de la Pouge, commanderie de Chamberaud (Haute-Marche), aujourd'hui canton de Pontarion (Creuse), figure sur un titre daté du 30 juillet 1575, conservé dans les archives de la famille.

en 1719, une requête au juge sénéchal de Pontarion au sujet des biens qu'il possédait à Puychaumeix. Le 6 octobre 1720, il transigea avec les sieurs Tixier pour le domaine de la Chaud, et, dans cet acte, il est qualifié procureur d'office du Compeix. (Arch. de la famille.) Il épousa, avec dispenses, le 29 septembre 1698, sa cousine Jeanne de Villemerle, fille de Pierre de Villemerle, entrepreneur aux fortifications du roi, et de Madeleine Reby, dont la mère était cousine germaine de Jean du Liège, père du futur. (Arch. de la famille.) Dans le contrat de mariage, il est appelé Léonard-Pierre du Liège de la Besse de Puychaumeix, juge sénéchal de Saint-Hilaire-le-Château, la Chassagne, Soubrebost, procureur d'office de la justice du Compeix. Pierre de Villemerle, à l'occasion de cette alliance, écrivit, le 6 décembre 1697, une lettre datée de Strasbourg, où il dit que la mère de sa femme et le père du futur sont enfants l'un du frère, l'autre de la sœur. Sa résidence à Strasbourg était motivée alors par la construction des fortifications que Vauban y fit commencer après la conquête de cette ville, en 1681. Les travaux furent immenses, et la citadelle est regardée comme son chef-d'œuvre. Léonard-Pierre du Liège eut de son mariage :

1° Léonard-Louis du Liège de Puychaumeix, qui continue la descendance ;

2° et 3° Deux enfants morts en bas âge, ainsi que le constate un reçu des frais d'inhumation du 22 mai 1724.

VII. Léonard-Louis du Liège de Puychaumeix, avocat au parlement, fils de Pierre-Léonard du Liège de la Besse, juge sénéchal de Saint-Hilaire-le-Château, la Chassagne, Soubrebost, etc., et de feu Jeanne de Villemerle, épousa, par contrat passé le 15 juillet 1732, au château de Chérignac, paroisse de Saint-Pierre-de-Chérignac, près Bourganeuf, damoiselle Catherine d'Oyron de Chérignac[1], fille de feu Jean d'Oyron,

1 La famille d'Oyron, barons de la Borne, originaire de la

chevalier, seigneur de Chérignac, et de dame Anne de Marsange. Antoine Meilhac, seigneur de Rissac, figure parmi les signataires de l'acte. (Arch. de la famille.) Louis Duphot, demeurant au château Noble du Liège, afferma à Louis-Léonard du Liège de Puychaumeix, avocat au parlement, une maison sise à Pontarion, par acte du 24 décembre 1739, où il est dit : « Le sieur du Liège de Puychaumeix ayant vendu ledit château du Liège, qui lui appartenait et que Louis Duphot a habité jusqu'à présent, il n'est plus le maître de lui en laisser l'habitation ; il lui loue une propriété sise à Pontarion. » (Arch. de la famille.) Léonard-Louis du Liège de Puychaumeix vendit, par acte du 12 mai 1740, à Léonard Tixier, sieur de Treissagne, marchand, les cens, rentes, droits et devoirs seigneuriaux qu'il possédait en la paroisse de la Chapelle-Saint-Martial, province de la Marche, et qu'il avait acquis le 19 mai 1735, de messire Gabriel de Courtille, seigneur de la Chapelle et de Saint-Avit. (Arch. de la famille.) Le 13 mai 1740, il prit possession des domaines qu'il avait acquis des héritiers de Rochedragon, et qui étaient situés à Fontaneix, paroisse de Thauron, dans la mouvance de l'abbaye du Palais - Sainte - Marie, où il demeurait. (Arch. de la famille.) Il présenta, en 1758, une requête à l'intendant de la généralité de Limoges, afin d'être déchargé, comme avocat, des corvées pour l'établissement de la route de Limoges à Lyon. Les syndics de Bourganeuf, auxquels cette requête fut communiquée, conclurent ainsi : « Il paraît aux consuls et habitants que cette demande en exemption est juste, qu'ils doivent même cette déférence audit sieur de Puychaumeix pour les bons et agréables services qu'ils reçoivent de lui et espèrent recevoir. Fait à Bourganeuf, le

27 novembre 1758. » (Arch. de la famille.) Louis-Léonard du Liège de Puychaumeix, avocat au parlement de Paris, mourut à Puychaumeix, le 2 décembre 1771, laissant de son union :

1º Pierre, dont l'article est rapporté ci-après;

2º Alexis du Liège de Puychaumeix, officier au régiment de dragons de Chapt, décédé sans postérité le 21 avril 1776, à Tressentec, paroisse de Plonevez, près Quimper, où il s'était retiré en quittant le service;

3º Marie du Liège de Puychaumeix, morte sans alliance, à Pontarion, au mois de juin 1811;

4º Marie-Julienne du Liège de Puychaumeix, décédée sans alliance, à Pontarion, au mois de juin 1822.

VIII. Pierre du Liège de Puychaumeix, né en 1737, servait dans la même compagnie de dragons que son frère, comme on le voit par un congé que lui accorda, le 28 juillet 1761, le capitaine de Parsac, et qui est daté du camp de Thelmberg. On y lit cette mention : « A servi avec grande distinction » ; et son signalement porte : « âgé de 24 ans; taille : cinq pieds trois pouces six lignes ; cheveux et sourcils châtains ; yeux gris ; nez aquilin ; marqué de la petite vérole. » (Arch. de la famille.) Il épousa, à Ahun, le 20 avril 1773, Marie-Anne Ranon de Lavergne [1], fille de feu noble Jean-Gabriel Ranon de Lavergne, conseiller du roi, président châtelain de la ville d'Ahun, et de défunte Marie-Anne Mage. A la célébration de ce mariage furent présents : François-Xavier Ranon de Lavergne, conseiller du roi, président châtelain de la ville d'Ahun ; Étienne Ranon de Lavergne du Masduteil, frères de la mariée ; Marc-Antoine du Léris baron de Sauviat; Germain d'Oyron, seigneur de Chérignac, cousin du marié; et Maymat, curé de Saint-Hilaire-le-

[1] La famille Ranon de Lavergne, originaire d'Ahun, où elle a exercé plusieurs charges de magistrature, compte pour représentants de nos jours plusieurs officiers dont un garde du corps du roi Charles X. ARMES : *d'azur, à un cygne d'argent; au chef de gueules, chargé de trois quintefeuilles.* — Couronne de comte.

Château. Pierre du Liège, veuf le 4 avril 1782, mourut le 26 avril 1791 à Puychaumeix, et lorsque ses héritiers voulurent faire payer à Gervais Pillias, marchand à Saint-Hilaire-le-Château, le prix du Chezaud-Raymond, qu'il avait acheté le 21 mars précédent, l'acquéreur consigna le montant en assignats au greffe du tribunal de Bourganeuf. (Arch. de la famille.) Les enfants issus de ce mariage sont :

1º Germain du Liège de Puychaumeix, qui épousa Marie-Françoise Chansard et en eut un fils, marié avec Mlle Southon et décédé ne laissant qu'un enfant en bas âge, qui mourut peu de temps après ;

2º Jean-Baptiste-Frédéric du Liège de Puychaumeix, qui suivra ;

3º Jeanne-Marie-Geneviève-Xavière du Liège de Puychaumeix, née à Puychaumeix, le 3 janvier 1776, filleule de François-Xavier Ranon de Lavergne, président châtelain de la ville d'Ahun, son oncle maternel, et de dame Jeanne-Marie de Pichard de Villemonteix, veuve de Pierre d'Oyron, chevalier, seigneur de Chérignac, grand'tante paternelle, absente et représentée par Jeanne-Marie Boëry de Saint-Loup, fille de messire Jean-Etienne Boëry, écuyer, seigneur de Saint-Loup, garde du corps du roi, cousine maternelle. Elle épousa Joseph Paquet de Chavanat, et mourut sans postérité.

4º Marie-Julienne du Liège de Puychaumeix, morte sans alliance.

IX. Jean-Baptiste-Frédéric du Liège de Puychaumeix, né au château de Puychaumeix le 23 mars 1782, fut tenu le lendemain sur les fonts baptismaux par Jean-Baptiste Ranon de Lavergne, avocat au parlement de Paris, et par sa sœur Jeanne du Liège de Puychaumeix. Il épousa, le 14 juin 1824, à Gouzon (Creuse), Marie-Flavie-Joséphine-Céline Legier de Lagarde[1], née le 25 novembre 1796, à Chéndrailles,

---

[1] Armes des Legier de Lagarde, présentées en 1696 par Claude Legier, conseiller au présidial de Poitiers : *d'argent, à trois roses de gueules*. (*Reg. du Poitou, vol. XXVIII, page 28.*)

fille d'Antoine Legier de Lagarde, juge au tribunal civil de Guéret, et de Marie-Anne-Thérèse Gerbaud. Au nombre des signataires de l'acte figure Gilles-Étienne Gerbaud, jurisconsulte et ancien magistrat, âgé de soixante-dix-sept ans. Jean-Baptiste-Frédéric du Liège de Puychaumeix est décédé à Pontarion le 4 février 1869, et son épouse le 9 novembre 1872. De leur union sont issus :

1º Marie-Étienne-Stéphane, qui continue la descendance, né à Pontarion (Creuse) le 16 avril 1825 ;

2º Antoine-Justin du Liège de Puychaumeix, né à Pontarion le 8 août 1826, mort du choléra, à Alger, le 4 novembre 1866, sans alliance ;

3º Marie-Joseph-Eugène, tige de la branche cadette, né à Pontarion le 10 mars 1830 ;

4º Antoine-Xavier-Louis du Liège de Puychaumeix, né à Pontarion le 11 novembre 1832, décédé à Pontarion en 1841 ;

5º Antoine-Gustave-Marie du Liège de Puychaumeix, né à Pontarion le 8 avril 1835 ;

6º Marie-Flavie du Liège de Puychaumeix, née à Pontarion le 19 février 1828.

L'empreinte des armes de Jacques du Liège du Charrault, qui se trouve sur les deux procurations qu'il donna en 1606 et 1608 à Jean du Liège de Puychaumeix, représente l'épée en barre, la pointe en bas ; ce doit être une méprise de la part du graveur, car les preuves de Malte disent qu'elles sont : « de gueules, à l'épée d'argent, posée en bande ». C'est probablement cette erreur qui est cause que la branche des du Liège de Puychaumeix a fait mettre dans son écusson l'épée posée de la même manière ; elle a en effet transmis un cachet qui porte, sans indication de couleurs : trois fasces et une épée en barre brochant, la pointe en bas. Il est à remarquer qu'on a mis sur ce cachet trois fasces, tandis que le procès intenté au sieur de Chastenet mentionne trois chevrons. Il n'y a donc aucune certitude sur la disposition et la couleur que doivent avoir ces pièces, ajoutées sans doute par suite d'alliance. Dans ce cas, il est préférable de s'en tenir aux armes primitives décrites dans les preuves de Malte.

Ce cachet transmis par les du Liège de Puychaumeix est conservé par madame Delassalle, née du Liège de Puychaumeix.

PARIS. TYPOGRAPHIE DE E. PLON ET Cⁱᵉ, RUE GARANCIÈRE, 8.